Suomen Kiitospäivä

Cédric & Elina Placentino

Suomen Kiitospäivä

Juhlitaan Jumalan hyvyyttä Suomelle!

Julkaisutiedot

Suomen Kiitospäivä

Copyright © 2023 by Cédric Placentino

Kannen suunnittelu: Blair Bonin
Kuvitus: Elina Placentino

Kustantaja: BoD – Books on Demand, Helsinki, Suomi
Valmistaja: BoD – Books on Demand, Norderstedt, Saksa

ISBN: 978-952-33-0087-3

Miksi suomalaista kiitospäivää tulisi juhlia?

Vaikka he ovat tunteneet Jumalan, he eivät ole kunnioittaneet ja kiittäneet häntä Jumalana, vaan heidän ajatuksensa ovat käyneet turhanpäiväisiksi ja heidän ymmärtämätön sydämensä on pimentynyt. (Roomalaiskirje 1:21; käännös 1992)

Kiitollisuus on sydämen asenne. Se varjelee meidät nykypäivänä vallitsevalta uskomukselta, että meillä on oikeus elämän perusasioihin. Mutta kenelle meidän pitäisi olla kiitollisia? Itsellemme vai muille ihmisille?

Vaikka meidän tulee olla kiitollisia niille, jotka tekevät meille hyvää, Raamattu opettaa, että viime kädessä Jumalan kuuluu saada kiitollisuutemme. Jumala on kaiken luoja ja ylläpitäjä. Viime kädessä kaikki hyvä on peräisin Häneltä ja vain Häneltä. Kaikki täydelliset lahjat tulevat Häneltä. "Jokainen hyvä anti ja jokainen täydellinen lahja tulee ylhäältä, valkeuksien Isältä, jonka tykönä ei ole muutosta, ei vaihteen varjoa." (Jaakobin kirje 1:17)

Kiitollisuuden ei tule nousta sydämistämme pelkästään yksilöinä. Jumala odottaa kansojen olevan kiitollisia Hänelle. Vanha testamentti kuvaa Jumalan hanketta luoda kansakunta kunniakseen. Onkin mielenkiintoista huomata, että yksi kansakunnan luomisen peruspalikoista oli pääsiäisjuhlan asettaminen. Jo ennen kuin Jumala vapautti Israelin Egyptin orjuudesta, Hän asetti heille tämän juhlan.

7

Jumala sanoi: "Ja kun te tulette siihen maahan, jonka Herra on teille antava, niinkuin hän on sanonut, niin noudattakaa näitä menoja." (Toinen Mooseksen kirja 12:25). Pääsiäisjuhlan tuli olla yksi Israelin kansan peruselementeistä, aika, jolloin heidän tuli muistaa Jumalan hyvyyttä. Heidän tuli muistella, kuinka Hän vapautti heidät orjuudesta ja olla kiitollisia Hänelle. Pääsiäinen on myös kristittyjen ylin kiitos Jumalalle. Se juhlistaa Jeesuksen Kristuksen kuolemaa ja ylösnousemusta, historiallista tekoa, joka vapautti uskovat synnin orjuudesta.

Monet menneisyyden kristityt ymmärsivät, että kiitospäivä tuli asettaa kansallisen kalenterin ytimeen. Esimerkiksi 1600-luvulla Uuden-Englannin puritaanit aloittivat kiitospäivän, jolloin he kiittivät Jumalaa Hänen siunauksistaan, myös vapaudesta. Siitä lähtien kiitospäivästä on tullut Yhdysvaltojen perusjuhla. Myös muut kansakunnat, kuten Kanada, Alankomaat ja Liberia, ovat perustaneet oman kiitospäivänsä.

Mutta entä Suomi? Pitäisikö suomalaisilla olla kiitospäivä? Entä mistä Suomen kansan pitäisi olla kiitollinen Jumalalle? Tässä kirjassa haluan osoittaa, miksi Suomessa olisi soveliasta viettää omaa kiitospäivää.

Ensimmäinen syy suomalaiselle kiitospäivälle

Ja Sana tuli lihaksi ja asui meidän keskellämme, ja me katselimme hänen kirkkauttansa, senkaltaista kirkkautta, kuin ainokaisella Pojalla on Isältä; ja hän oli täynnä armoa ja totuutta. (Johanneksen evankeliumi 1:14)

Tuhat vuotta sitten Suomen kansa koostui enimmäkseen pakanoista. He palvoivat kaikenlaisia luotuja olentoja. He uskoivat jumaliin tai henkiin puissa, vedessä, kuussa ja monissa muissa asioissa. Tilanne alkoi muuttua, kun evankeliumi alkoi saapua maahan 1100-luvulla.

Jotkut ihmiset omaksuivat kristinuskon, kun he olivat yhteydessä muualta Euroopasta, erityisesti Ruotsista, tulleisiin kauppiaisiin. Toiset kääntyivät kristinuskoon Suomeen saapuneiden lähetyssaarnaajien työn kautta. Esimerkiksi Johannes Hiltinus (k. 1071) tai piispa Henrik (k. 1156) tulivat Ruotsista, kun taas Sergei ja Herman Valamosta (1200-luvulla) saapuivat Venäjältä.

Uskonnon vaihtumisessa ei ollut kyse pelkästään yksityisen vakaumuksen muuttumisesta. Muutoksella oli vaikutus koko yhteiskuntaan. Koska suomalaiset alkoivat palvoa kaiken luojaa ja ylläpitäjää sen sijaan, että olisivat uskoneet luomakunnan elementtejä hallitsevien henkien olemassaoloon, he alkoivat vähitellen ymmärtää ihmisen roolin luomakunnassa. Tämän lisäksi he omaksuivat Jumalan määritelmän hyvästä ja pahasta.

Näin ollen kristillinen usko alkoi muokata kaikkia Suomen elämänalueita Raamatun normien mukaiseen suuntaan. Käytännössä tämä näkyi esimerkiksi kirkkojen ja luostareiden rakentamisessa sekä ensimmäisten koulujen perustamisessa tuomiokirkkoihin ja luostareihin. Luostarit tarjosivat ihmisille myös terveydenhuoltoa ja taloudellista apua. Tämän lisäksi kristinusko alkoi vaikuttaa Suomen lakeihin. Koska ihmiset ymmärsivät, että kaikilla on Jumalan antama yhtäläinen ihmisarvo ja koska kymmenen käskyä kieltää tappamisen, kirkko esimerkiksi kielsi yleisen pakanallisen tavan hylätä ei-toivotut vauvat metsään.

Suomen kristillistymisen alkuvaiheet olivat teologiselta kannalta puutteellisia, muun muassa sen takia, että roomalaiskatolinen kirkko oli omaksunut viralliseen oppiinsa pakanallisia ajatuksia. Siitä huolimatta muutos, jonka Jumala toi Suomeen tässä historian vaiheessa, on siunannut Suomea pysyvästi.

Suomen kristillistyminen on siis ensimmäinen syy suomalaisen kiitospäivän juhlimiselle.

Toinen syy suomalaiselle kiitospäivälle

Sinun sanasi on minun jalkaini lamppu ja valkeus minun tielläni. (Psalmi 119:105)

Vaikka kristinusko oli ollut Suomessa jo yli kolmen vuosisadan ajan, Raamattu oli suomalaisille suurelta osin tuntematon 1500-luvun alussa. Tilanne oli melko samanlainen kaikkialla Euroopassa.

Tämä alkoi muuttua, kun saksalainen munkki nimeltä Martin Luther (1483-1546) naulasi yhdeksänkymmentäviisi teesiään Wittenbergin linnankirkon ovelle 31. lokakuuta 1517. Syy tähän tekoon oli siinä, että kirkko oli turmeltunut. Jumalan Sanaa ei opetettu ihmisille, joten he eivät tunteneet Jumalaa eikä Hänen ajatuksiaan.

13

Uskonpuhdistuksen ytimessä oli kuitenkin kysymys ylimmästä auktoriteetista. Pitäisikö ihmisten totella paavin tai kirkolliskokousten päätöksiä vai pitäisikö heidän totella Jumalan Sanaa, Raamattua? Uskonpuhdistajille Raamattu oli ylin auktoriteetti, jopa paavin ja kirkolliskokousten yläpuolella.

Tämän takia uskonpuhdistajat olivat sitä mieltä, että kaikkien ihmisten tulisi pystyä lukemaan Jumalan Sanaa. Ongelmana oli, että siihen aikaan suurin osa ihmisistä oli lukutaidottomia ja ainoa Raamatun käännös oli neljännen vuosisadan latinankielinen Vulgata, mutta vain oppineet ymmärsivät latinaa. Näin ollen uskonpuhdistajat oivalsivat, että Raamattu tuli kääntää kansan kielelle.

Suomessa tehtävä oli tavallista hankalampi, sillä suomalaista kirjakieltä ei ollut vielä olemassa. Siksi Lutherin suomalainen oppilas Mikael Agricola (n. 1510-1557) ryhtyi yhtenäistämään suomen kieltä ja loi ensimmäisen suomen kielen aapisen, Abc-kirjan. Hän alkoi myös kääntää Raamattua, vaikkei saanutkaan sitä valmiiksi ennen kuolemaansa. Suomenkielinen Raamattu käännettiin ja julkaistiin lopulta vuonna 1642.

Uskonpuhdistuksen mukaan kaikkien ihmisten tuli pystyä lukemaan Raamattua. Tästä johtuen koulunkäynti tuli pakolliseksi kaikille Suomessa 1600-luvulla. Suomalaiset lapset opiskelivat Abc-kirjaa ja Martti Lutherin Vähää katekismusta, jossa opetettiin kristillisen uskon perusteet, kuten Isä meidän -rukous ja kymmenen käskyä.

Tällaiset opetukset muokkasivat suomalaisia sukupolvien ajan. Ei ole lainkaan yllättävää, että ne alkoivat vaikuttaa Suomen yhteiskunnan eri osa-alueisiin, kuten lääketieteeseen, kasvitieteeseen, talouteen tai politiikkaan. Kristinusko myös toi Suomeen arvokkaita asioita, joiden avulla vapaa kansakunta voi toimia hyvin, kuten lehdistönvapauden tai vapaan kaupan. Ilman uskonpuhdistusta Suomesta ei olisi tullut vaurasta ja vapaata kansakuntaa, joka siitä tuli 1900-luvulla.

Uskonpuhdistus on siis toinen syy suomalaiselle kiitospäivälle.

Kolmas syy suomalaiselle kiitospäivälle

Maa on täynnä Herran tuntemusta, niinkuin vedet peittävät meren. (Jesaja 11:9)

1800-luvun alussa Suomi siirtyi Venäjän vallan alle ja näin Ruotsin vuosisatoja kestänyt hallinto päättyi Suomessa. Siihen asti Suomen kirkko oli ollut alamainen Ruotsin kirkolle. Mutta kun keisari Aleksanteri I (1777-1825) astui valtaan, hän ei voinut sallia tämän jatkuvan.

Mitkä olivat keisarin vaihtoehdot? Pitäisikö hänen pakottaa Suomen luterilainen kirkko alistumaan Venäjän ortodoksiselle kirkolle? Keisari aavisti arvatenkin, että tällainen päätös saisi Suomen kansan kapinoimaan hänen valtaansa vastaan. Toinen vaihtoehto oli myöntää Suomen kirkolle itsenäisyys.

Suomen kirkko itsenäistyi Turussa 31. lokakuuta 1817, tasan kolmesataa vuotta uskonpuhdistuksen alkamisen jälkeen. Aikana, jolloin kirkko oli Suomen ainoa järjestäytynyt elin, tämä merkitsi, että kirkko oli käytännössä kansakunnan johtaja. 1800-luvun alussa kirkko nimittäin huolehti terveydenhuollosta, hyvinvoinnista ja koulutuksesta. Toisin sanoen, kirkko oli tärkein vaikuttaja suomalaisen kulttuurin kentällä. Suomalla Suomen kirkolle itsenäisyyden, Aleksanteri I avasi tien Suomen kansakunnan itsenäiselle kehitykselle, sen sijaan että kansaa olisi ryhdytty venäläistämään Venäjän ortodoksisen kirkon kautta.

Venäjän vallan aikana monien eri kirkkokuntien kristittyjen aloittamilla hankkeilla oli merkittävä vaikutus suomalaisen kulttuurin muotoutumiseen. Skotlantilaisen lähetyssaarnaajan John Patersonin (1776-1855) työn ansiosta Raamattua alettiin vihdoin levittää kansalle kohtuuhintaan. Köyhistä ja sairaista huolehtiminen kehittyi Aurora Karamzinin (1808-1902) perustaman diakonissojen verkoston ansiosta. Kristityt, kuten Alfred Kihlman (1825-1904), kehittivät Suomen yhteiskuntaa esimerkiksi perustamalla tehtaita ja osallistumalla Kansallis-

Osake-Pankin perustamiseen. Skotlantilaisesta kveekarista James Finlaysonista (n. 1772-c. 1852) tuli yksi Suomen teollistumisen isistä, kun hän perusti tekstiilitehtaan Tampereelle. Muut kristilliset liikkeet, kuten esimerkiksi metodistikirkko, perustivat orpokoteja ja sairaaloita.

Valitettavasti luterilainen kirkko ei aina toiminut oikein 1800-luvulla. Se vastusti ajoittain herätysliikkeiden kaltaisia kristillisiä liikkeitä, vaikka ne synnyttivät erilaisia liikkeitä, jotka auttoivat Suomen kansalaisia kantamaan vastuuta kansastaan. Luterilaisen kirkon epäonnistumisesta huolimatta sen itsenäistyminen vuonna 1817 helpotti Suomen tasavallan itsenäistymisen sata vuotta myöhemmin.

Katumuksen päivä

Jos silloin kansani, jonka olen ottanut omakseni, nöyrtyy ja rukoilee, kääntyy minun puoleeni ja hylkää pahat tiensä, niin minä kuulen sitä taivaaseen, annan sen synnit anteeksi ja teen sen maan jälleen terveeksi. (Toinen aikakirja 7:14, käännös 1992)

Lukuisat historioitsijat ovat maininneet, kuinka hämmästyttävän myönteinen vaikutus evankeliumilla on ollut Euroopassa vuosisatojen kuluessa. Kaikista näistä siunauksista huolimatta, 1800-luku oli kuitenkin aikaa, jolloin Eurooppa alkoi kääntyä pois Jumalasta. Useat filosofit alkoivat kyseenalaistaa Raamatun auktoriteettia ja jopa Jumalan olemassaoloa.

Valitettavasti nämä jumalattomat filosofiat alkoivat muokata kaikkia elämänalueita Euroopassa. Esimerkiksi nykyaikainen käsitys "kansallisvaltiosta" eli alueesta, jossa valtiolla on ylin auktoriteettiasema, juontaa juurensa tunnetuimmin saksalaiselta filosofilta Georg Wilhelm Friedrich Hegeliltä (1770-1831), joka julisti, että "valtio on Jumalan marssi maailmassa".

Tämä ajatus valtiosta kansakunnan ylimpänä auktoriteettina vietteli useita merkittäviä suomalaisia ajattelijoita, joita myöhemmin nimettiin "Suomen kansakunnan isiksi". Heidän joukossaan olivat esimerkiksi Johan Wilhelm Snellman (1806-1881) ja Yrjö Sakari Yrjö-Koskinen (1830-1903).

Nykyään Suomessa suurin osa ihmisistä on sitä mieltä, että valtion tehtävänä on huolehtia muun muassa terveydenhuollosta, hyvinvoinnista ja koulutuksesta. Toisin sanoen, suurin osa suomalaisista on oppinut tuomaan tarpeensa valtion eikä Jumalan eteen. Niinpä valtiosta on käytännössä tullut "Jumalan marssi Suomen maassa".

Raamattu nimittää luodun jumalallistamista "epäjumalanpalvelukseksi". Israel rakensi kultaisen vasikan, kun Mooses oli vuorella vastaanottamassa Jumalan kädestä kymmenen käskyä — Israelin perustuslain. Heti ensimmäinen näistä käskyistä kieltää epäjumalien palvomisen. Tuon kohtauksen jälkeen Israel sortui lukuisia kertoja kiusaukseen tehdä itselleen jumala sen sijaan, että olisi palvonut ylimpänä hallitsijanaan Jumalaa, joka vapautti heidät Egyptin orjuudesta. Lopulta Israel kansakuntana tuhoutui.

Vaikka Raamattu oli muuttanut Suomea vuosisatojen ajan syvällä ja myönteisellä tavalla, suurin osa itsenäisen Suomen tasavallan rakentajista hyväksyi Hegelin epäjumalan kansakunnalle. Kaikista niistä siunauksista huolimatta, joita Jumala on Suomelle suonut, Suomen viimeisimmät sukupolvet ovat oppineet kääntämään Hänelle selkänsä ja antamaan kunnian sen sijaan jollekin luodulle.

Ilman parannusta Suomi kulkee kohti samaa katastrofaalista loppua kuin Israel. Siksi suomalaisen kiitospäivän tulisi olla katumuksen aika ja hetki, jolloin maa palautetaan sen oikealle omistajalleen.

Aika rakentaa

Pidä tämän lainkirjan sanat aina huulillasi. Tutki lakia päivin ja öin, niin pystyt tarkoin noudattamaan kaikkea, mitä siihen on kirjoitettu. Silloin sinä menestyt ja onnistut kaikissa toimissasi. (Joosua 1:8)

Jos pakanallinen käsite "kansallisvaltio" ei ole Jumalan suunnitelma Suomelle, niin millainen tämän kansakunnan pitäisi olla? Miltä raamatullinen Suomi näyttäisi?

Ensinnäkin, sen sijaan, että 'valtio-jumalalle' annettaisiin ylin auktoriteettiasema, raamatullinen Suomi tunnustaisi, että Jumala on kansakunnan ylin hallitsija. Tämä tarkoittaa sitä, että Hänen ajatuksensa — ei meidän ihmisten ajatukset — ovat Suomen perusta. Sen sijaan, että valtio nähtäisiin maan ainoana auktoriteettina, raamatullinen Suomi tunnustaisi, että Jumalan mukaan on olemassa kolme instituutiota, jotka ovat kaikki tilivelvollisia suoraan Jumalalle: valtio, perhe ja kirkko. Mutta jos tämä on Jumalan suunnitelma Suomelle, miten voimme ryhtyä toteuttamaan sitä? Onko meidän edes tarkoitus pyrkiä siihen — ja pystymmekö todella siihen?

Ylösnousemuksensa jälkeen Jeesus antoi opetuslapsilleen tehtäväksi mennä ja tehdä kaikki kansat opetuslapsiksi. Hän sanoi, että Hänen kansalleen oli annettu valta tehdä niin, koska kaikki valta taivaassa ja maan päällä oli annettu Hänelle (Matt. 28:18). Jeesuksen toimeksianto ei ollut vain käsky julistaa evankeliumia siinä toivossa, että yhä useammat ihmiset kääntyisivät uskoon häneen. Jeesuksen toimeksianto oli käsky edistää Hänen valtakuntaansa maailman jokaisessa kansassa. Toisin sanoen se oli käsky luoda uusi jumalallinen kulttuuri kansojen keskuuteen.

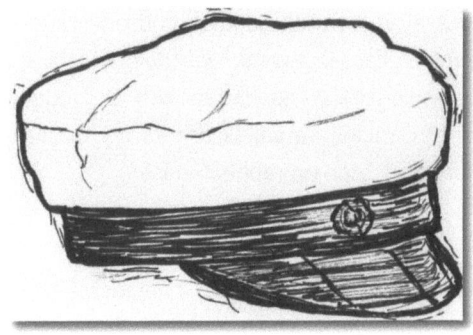

Tänä päivänä Jumalan kansa Suomessa on edelleen valtuutettu luomaan tällaista kulttuuria. Mutta miten seurakunta voi tehdä sen? Yksinkertaisesti tekemällä sitä, mitä Jeesus antoi opetuslapsilleen tehtäväksi, eli julistamalla ilosanomaa (Matt. 24:14), parantamalla sairaita (Matt. 10:8), huolehtimalla köyhistä (Matt. 19:21) ja opettamalla sekä soveltamalla Jumalan Sanaa yhteiskunnassa (vrt. Matt. 5:17-20). Kirkko voi siis edistää Jumalan valtakuntaa Suomessa luomalla terveydenhuoltoa, sosiaalityötä ja oppilaitoksia mutta myös perustamalla uusia yrityksiä, investoimalla taiteeseen tai tiedotusvälineisiin. Mahdollisuudet ovat rajattomat!

Kun seurakunta panostaa uskollisesti näihin asioihin, valtiojumala palaa käytännössä Jumalan määräämään tehtävään, joka on oikeudenmukaisuuden turvaaminen maassa (Room. 13). Vaikka seurakunta ei ole koskaan ollut täydellinen, juuri sen uskollisuus jumalallisen kulttuurin luomisessa vuosisatojen kuluessa on johtanut Suomen nousuun yhdeksi maailman vauraimmista kansakunnista. Jos näin tapahtui menneisyydessä, voisiko kirkko noudattaa käskyä luoda jumalallinen kulttuuri tänäänkin? Se voi ja sen täytyy, koska vain seurakunta voi estää Suomen rappeutumisen.

Milloin meidän pitäisi juhlia kiitospäivää?

Miten valtavia, miten pelottavia ovatkaan sinun tekosi, kerrottakoon niistä kaikille. Minä julistan sinun suuruuttasi. Levitköön sanoma sinun hyvyytesi runsaudesta, kiitettäköön sinun vanhurskauttasi riemuiten. (Psalmi 145:6-7)

Tutustuttuamme kolmeen tärkeimpään syyhyn, miksi Suomessa pitäisi juhlia kiitospäivää ja pohdittuamme, miksi kiitospäivän tulisi olla myös aika tehdä parannusta ja miettiä, miltä raamatullisen Suomen pitäisi näyttää, kysymys kuuluu: milloin meidän pitäisi juhlia suomalaista kiitospäivää?

Historia tarjoaa meille luontevan ajankohdan, sillä kaksi keskeistä tapahtumaa, jotka ovat vaikuttaneet maahan perustavalla tavalla, on itse asiassa tapahtunut samana päivänä, 31. lokakuuta! Lokakuun 31. päivänä vuonna 1517 Martin Luther naulasi yhdeksänkymmentäviisi teesiään kirkon oveen. Tämä tapahtuma käynnisti uskonpuhdistuksen. Tämän lisäksi lokakuun 31. päivänä vuonna 1817 Suomen evankelisluterilaisesta kirkosta tuli virallisesti itsenäinen kirkko, mikä valmisti Suomea itsenäistymään vuonna 1917.

Suomalaisen kiitospäivän päivämäärä voisi siis luonnollisesti olla lokakuun 31. päivä.

Mutta miksi meidän pitäisi lisätä kalenteriin toinen kansallinen juhlapäivä, kun meillä on jo itsenäisyyspäivä?

25

Itsenäisyyspäivän ja kiitospäivän välillä on perustavanlaatuinen ero. Vaikka on hyvä muistaa, että Suomi sai itsenäisyytensä 6. joulukuuta 1917, itsenäisyyspäivä ei juhli Jumalan tekoja maamme hyväksi. Vaikka on syytä muistaa uhrauksia, joita menneet sukupolvet ovat tehneet Suomen puolesta, itsenäisyyspäivä voi olla humanistisen aikakautemme tapa korottaa itseämme.

Suomalaisen kiitospäivän viettäminen palauttaa huomion siihen, että Suomi on tänä päivänä olemassa vapaana kansakuntana vain Jumalan armosta. Menneiden sukupolvien uhraukset eivät olisi koskaan vapauttaneet Suomea ilman Jumalan armoa.

Näin ollen uskon, että lokakuun 31. päivä on sopiva päivä muistella Jumalan siunausta Suomelle. Tuona päivänä Suomen kansa ei juhlisi omaa suuruuttaan vaan Jumalan suuruutta.

Juhlitaan siis suomalaista kiitospäivää!

Miten voimme juhlia suomalaista kiitospäivää?

Ja Daavid ynnä koko Israel karkeloi kaikin voimin Jumalan edessä laulaen sekä soittaen kanteleita, harppuja, vaskirumpuja, kymbaaleja ja torvia. (I Aikakirja 13:8)

Nyt tulemme käytännönläheisempään kysymykseen siitä, miten suomalaista kiitospäivää voi juhlia. Koska lokakuun 31. päivä on — ainakin tällä hetkellä — tavallinen työpäivä, on suomalaisen kiitospäivän viettäminen aloitettava sellaisten ihmisten toimesta, jotka ymmärtävät päivän merkityksen.

Alla on muutama ehdotus juhlanviettoon.

Perheet voisivat aloittaa perinteen, jossa perheenjäseniä tai naapureita kutsutaan juhla-aterialle. Tämä voisi olla tilaisuus kertoa päivän merkityksestä. Koska yksi uskonpuhdistuksen tärkeimmistä tunnuslauseista on post tenebras lux (pimeyden jälkeen valoa), vuoden aikana, jolloin päivät lyhenevät, kynttiläillallisen järjestäminen voisi olla hyvinkin sopivaa. Lisäksi ystävät voisivat antaa toisilleen valolahjoja tai kiitoksen teemaan liittyviä lahjoja.

Seurakunnat voisivat myös järjestää nyyttärit erityisen kiitospäivätilaisuuden jälkeen. Kirkoissa tai jopa julkisilla paikoilla voitaisiin järjestää seminaareja, joissa kerrotaan, kuinka Suomi on saanut nykyisen vapautensa ja hyvinvointinsa Raamatun vaikutuksen takia. Myös rukouskokouksia voitaisiin järjestää kansakunnan tulevaisuuden puolesta.

27

Suomalainen kiitospäivä voisi levitä myös taiteilijoiden osallistumisen kautta. Muusikot voisivat kokoontua yhteen ja järjestää suomalaisia kiitospäiväkonaertteja. Uusia lauluja, jotka korostavat Raamatun vaikutusta Suomessa, voitaisiin säveltää. Teemajuhlia tai lasten paraateja voitaisiin myös järjestää. Sosiaalisessa mediassa voitaisiin käynnistää kiitospäiväkampanjoita.

Voisimme perustaa komiteoita, jotka edistäisivät lokakuun 31. päivän nimeämistä suomalaiseksi kiitospäiväksi. Ne voisivat pyrkiä vaikuttamaan maan eri instituutioissa, paikallisesti, alueellisesti tai valtakunnallisesti. Ne voisivat myös lobata yrityksiä tai tiedotusvälineitä. Lopulta, kun yhä useammat ihmiset ymmärtävät päivän merkityksen, he voisivat pyrkiä asettamaan lokakuun 31. päivän vapaapäiväksi.

Sillä välin yksittäiset ihmiset voisivat pitää vapaapäivän töistä. Jos tämä ei ole mahdollista, he voisivat järjestää työpaikalla tai kouluissa jotakin erityistä. Ehkä kouluissa voitaisiin järjestää tapahtumia tai levittää opetusmateriaalia suomalaisesta kiitospäivästä.

Lopuksi, aivan kuten jouluna tai pääsiäisenä on omat reseptinsä, myös suomalaisen kiitospäivän reseptejä voitaisiin luoda. Elina Placentino esittelee seuraavaksi yhden mahdollisen reseptin.

Kiitospäivän leivos: "Elinan kiitos"

4 munaa

2 dl sokeria

2-3 dl vispikermaa

1,5 tl vaniljasokeria

1-2 rkl sokeria

Kuningatarhilloa

Valmistaa n. 9 leivosta.

Lämmitä uuni 150 °C.

Aloita vatkaamalla munien valkuaiset kovaksi vaahdoksi.
Lisää 2 dl sokeria vähitellen vaahdon joukkoon.

Levitä marenkivaahto n. yhdeksän ympyrän muotoon (⌀ n. 10 cm) uunipellille laitetulle leivinpaperille. Reunojen tulee olla hiukan keskikohtaa paksummat.

Laita leivoksen pohjat uuniin noin tunniksi. Anna niiden sitten jäähtyä.

Vatkaa kerma päällistä varten. Lisää siihen sokeri ja vaniljasokeri.

Levitä kermaa leivoksen keskelle ja laita kerman keskelle vielä kuningatarhillosydän.

Huom. Nautittava kiitollisuudella!

Kysymyksiä keskusteluun ja tutkiskeluun

• Luetelkaa Roomalaiskirjeen ensimmäisestä luvusta seuraukset, jotka voivat kohdata kansaa, joka unohtaa olla kiitollinen Herralle. Keskustelkaa siitä, miten tämä näkyy nykypäivän Suomessa.

• Psalmi 105 luo kuvan Jumalan moninaisista siunauksista Israelin historian aikana. Kun löydät nämä Israelia koskevat siunaukset, keskustele siitä, miten Jumalan hyvyys, armo ja totuus ovat syvästi muokanneet Suomen historiaa.

• Ennen Suomen kristillistymistä ei-toivotut vauvat voitiin hylätä metsään. Nykyisin abortti on uusi pakanallinen tapa päästä eroon ei-toivotuista vauvoista. Millaisia aloitteita sinä ja seurakuntasi voisitte tehdä tämän tragedian torjumiseksi?

• Yksi uskonpuhdistuksen hedelmistä Suomessa oli koulutus. 1600-luvulla suomalaisen opetuksen pakolliseen oppikirjaan kuului Lutherin Lyhyt katekismus, joka sisälsi Isä meidän -rukouksen, kymmenen käskyä ja apostolisen uskontunnustuksen.

    o Lukekaa Isä meidän -rukous (Matt. 6:9-13). Keskustelkaa siitä, miten se muokkasi menneiden sukupolvien Suomea. Keskustelkaa siitä, miten se voisi muovata Suomea jälleen tänään.

o   Lukekaa kymmenen käskyä (2. Moos. 20:1-17). Keskustelkaa siitä, miten ne muokkasivat Suomen menneiden sukupolvien elämää. Keskustelkaa siitä, miten se voisi muokata Suomen maata uudelleen nykypäivänä.

o   Lukekaa Apostolien uskontunnustus. Keskustelkaa siitä, miten se muokkasi Suomen menneiden sukupolvien elämää. Keskustelkaa siitä, miten se voisi muokata Suomea uudelleen nykypäivänä.

•   Kristityt olivat vapaan kaupan ja lehdistönvapauden syntymisen takana. He loivat myös pankkeja ja teollisuutta sekä kehittivät monia tieteenaloja. Kaikki nämä asiat ovat siunanneet kansakuntaa suuresti. Millä aloilla paikallinen yhteisösi voisi olla siunaukseksi kaupungillesi tai kansakunnalle?

•   Vastakohtana pakanalliselle ajatukselle, jonka mukaan valtiota pidettiin kansakunnan ainoana auktoriteettina, kristillinen maailmankatsomus määrittelee kolme instituutiota, jotka ovat suoraan vastuussa Jumalalle, eli perheen, kirkon ja valtion. Meidän aikanamme sekä perhe että seurakunta ovat heikentyneet. Mitä seurakuntanne voisi tehdä käytännössä näiden kahden instituution jälleenrakentamiseksi?

Kirjoittajasta

Cédric Placentino on Truth and Transformation Nordic - järjestön puheenjohtaja. Sen tavoitteena on käynnistää uusi uskonpuhdistus Pohjoismaissa. Truth and Transformation Nordic on tohtori Vishal Mangalwadin perustaman Truth and Transformation International -järjestön alueellinen haara, jonka tavoitteena on uudistaa kansoja palauttamalla koulutus uudelleen kristillisiin juuriinsa.

Cédric Placentino on syntynyt ja kasvanut Belgiassa italialaista alkuperää olevaan perheeseen, ja hän on opiskellut soveltavia luonnontieteitä Monsin, Liègen (Belgia) ja Lissabonin (Portugali) yliopistoissa sekä suorittanut teologian maisterin tutkinnon Agricolan teologisessa seminaarissa Espoossa (Suomi). Cédricillä on myös viikoittainen podcast nimeltä European Journeys, jossa hän pyrkii osoittamaan Raamatun vaikutuksen Euroopan kansakuntiin.

Elina Placentino syntyi Suomessa mutta vietti suuren osan lapsuudestaan Englannissa lähetyslapsena. Elina valmistui englannin filologian maisteriksi Turussa. Hän on myös englannin ja ranskan opettaja. Työkseen Elina luo lapsille materiaalia (videoita, kirjoja, podcasteja), joka käsittelee kristillistä maailmankatsomusta ja toimii myös lastensa kotiopettajana.

Cédric ja Elina asuvat Suomessa kahden tyttärensä kanssa.

Yhteystiedot

Jos haluat ottaa kirjailijaan yhteyttä, antaa palautetta tai tilata lisää kirjasia, ota yhteyttä osoitteessa cedric.placentino@truthandtransformation.org.